HAUSHALTSBUCH ZUM SELBST EINTRAGEN

VON : _ _ _ _ _ _ _ _ _ _ _ _ _ _

_ _ _ _ _ _ _ _ _ _ _ _

VOM : _ _ _ _ _ _   BIS : _ _ _ _ _

MONAT JANUAR

FIXE AUSGABEN

ART DER AUSGABE	EURO
INSGESAMT	

FIXE EINNAHMEN

ART DER EINNAHME	EURO
INSGESAMT	

ÜBERSICHT DER AUSGABEN I

SONSTIGE AUSGABEN I

ART DER AUSGABE	EURO
INSGESAMT	

ÜBERSICHT DER AUSGABEN II

SONSTIGE AUSGABEN II

ART DER AUSGABE	EURO
INSGESAMT	

ÜBERSICHT DER AUSGABEN III

SONSTIGE AUSGABEN III

ART DER AUSGABE	EURO
INSGESAMT	

WICHTIGES I
NICHT VERGESSEN

WICHTIGES II

NICHT VERGESSEN

MONATSABSCHLUSS JANUAR

EINNAHMEN - AUSGABEN = GEWINN / VERLUST

EINNAHMEN GESAMT ______________________ €
- AUSGABEN GESAMT ______________________ €
= GEWINN/VERLUST GESAMT ______________________ €

KONTOSTAND BEGINN DES MONATS
______________________ €

KONTOSTAND ENDE DES MONATS
______________________ €

NÄCHSTEN MONAT MÖCHTE ICH ______________ € **SPAREN**

DAS KANN ICH ERREICHEN DURCH

______________________ MÖGLICHE ERSPARNIS __________ €
______________________ MÖGLICHE ERSPARNIS __________ €
______________________ MÖGLICHE ERSPARNIS __________ €

MEIN PERSÖNLICHES FAZIT FÜR DEN MONAT JANUAR

☐ **POSITIV**　　☐ **MITTEL**　　☐ **SCHLECHT**

PERSÖNLICHE NOTIZEN

MONAT FEBRUAR

FIXE AUSGABEN

ART DER AUSGABE	EURO
INSGESAMT	

FIXE EINNAHMEN

ART DER EINNAHME	EURO
INSGESAMT	

ÜBERSICHT DER AUSGABEN I

SONSTIGE AUSGABEN I

ART DER AUSGABE	EURO
INSGESAMT	

ÜBERSICHT DER AUSGABEN II

SONSTIGE AUSGABEN II

ART DER AUSGABE	EURO
INSGESAMT	

ÜBERSICHT DER AUSGABEN III

SONSTIGE AUSGABEN III

ART DER AUSGABE	EURO
INSGESAMT	

WICHTIGES I

NICHT VERGESSEN

WICHTIGES II

NICHT VERGESSEN

WICHTIGES III

NICHT VERGESSEN

MONATSABSCHLUSS FEBRUAR

EINNAHMEN - AUSGABEN = GEWINN / VERLUST

EINNAHMEN GESAMT ___________________________ €
- AUSGABEN GESAMT ___________________________ €
= GEWINN/VERLUST GESAMT ___________________________ €

KONTOSTAND BEGINN DES MONATS
___________________________ €

KONTOSTAND ENDE DES MONATS
___________________________ €

NÄCHSTEN MONAT MÖCHTE ICH _______________ € **SPAREN**

DAS KANN ICH ERREICHEN DURCH

___________________ MÖGLICHE ERSPARNIS _________ €
___________________ MÖGLICHE ERSPARNIS _________ €
___________________ MÖGLICHE ERSPARNIS _________ €

MEIN PERSÖNLICHES FAZIT FÜR DEN MONAT FEBRUAR

☐ POSITIV   ☐ MITTEL   ☐ SCHLECHT

PERSÖNLICHE NOTIZEN

MONAT MÄRZ

FIXE AUSGABEN

ART DER AUSGABE	EURO
INSGESAMT	

FIXE EINNAHMEN

ART DER EINNAHME	EURO
INSGESAMT	

ÜBERSICHT DER AUSGABEN I

SONSTIGE AUSGABEN I

ART DER AUSGABE	EURO
INSGESAMT	

ÜBERSICHT DER AUSGABEN II

SONSTIGE AUSGABEN II

ART DER AUSGABE	EURO
INSGESAMT	

ÜBERSICHT DER AUSGABEN III

SONSTIGE AUSGABEN III

ART DER AUSGABE	EURO
INSGESAMT	

WICHTIGES I

NICHT VERGESSEN

WICHTIGES II

NICHT VERGESSEN

WICHTIGES III

NICHT VERGESSEN

MONATSABSCHLUSS MÄRZ

EINNAHMEN - AUSGABEN = GEWINN / VERLUST

EINNAHMEN GESAMT _______________________ €
- AUSGABEN GESAMT _______________________ €
= GEWINN/VERLUST GESAMT _______________________ €

KONTOSTAND BEGINN DES MONATS
_______________________ €

KONTOSTAND ENDE DES MONATS
_______________________ €

NÄCHSTEN MONAT MÖCHTE ICH _______________ € **SPAREN**

DAS KANN ICH ERREICHEN DURCH

_______________________ MÖGLICHE ERSPARNIS _________ €
_______________________ MÖGLICHE ERSPARNIS _________ €
_______________________ MÖGLICHE ERSPARNIS _________ €

MEIN PERSÖNLICHES FAZIT FÜR DEN MONAT MÄRZ

☐ **POSITIV**   ☐ **MITTEL**   ☐ **SCHLECHT**

PERSÖNLICHE NOTIZEN

MONAT APRIL

FIXE AUSGABEN

ART DER AUSGABE	EURO
INSGESAMT	

FIXE EINNAHMEN

ART DER EINNAHME	EURO
INSGESAMT	

ÜBERSICHT DER AUSGABEN I

SONSTIGE AUSGABEN I

ART DER AUSGABE	EURO
INSGESAMT	

ÜBERSICHT DER AUSGABEN II

SONSTIGE AUSGABEN II

ART DER AUSGABE	EURO
INSGESAMT	

ÜBERSICHT DER AUSGABEN III

SONSTIGE AUSGABEN III

ART DER AUSGABE	EURO
INSGESAMT	

WICHTIGES I

NICHT VERGESSEN

WICHTIGES II

NICHT VERGESSEN

WICHTIGES III

NICHT VERGESSEN

MONATSABSCHLUSS APRIL

EINNAHMEN - AUSGABEN = GEWINN / VERLUST

EINNAHMEN GESAMT _______________________ €
- AUSGABEN GESAMT _______________________ €
= GEWINN/VERLUST GESAMT _______________________ €

KONTOSTAND BEGINN DES MONATS _______________________ €

KONTOSTAND ENDE DES MONATS _______________________ €

NÄCHSTEN MONAT MÖCHTE ICH _______________ € **SPAREN**

DAS KANN ICH ERREICHEN DURCH

_______________________ **MÖGLICHE ERSPARNIS** _______ €

_______________________ **MÖGLICHE ERSPARNIS** _______ €

_______________________ **MÖGLICHE ERSPARNIS** _______ €

MEIN PERSÖNLICHES FAZIT FÜR DEN MONAT APRIL

☐ **POSITIV**   ☐ **MITTEL**   ☐ **SCHLECHT**

PERSÖNLICHE NOTIZEN

MONAT MAI

FIXE AUSGABEN

ART DER AUSGABE	EURO
INSGESAMT	

FIXE EINNAHMEN

ART DER EINNAHME	EURO
INSGESAMT	

ÜBERSICHT DER AUSGABEN I

SONSTIGE AUSGABEN I

ART DER AUSGABE	EURO
INSGESAMT	

ÜBERSICHT DER AUSGABEN II

SONSTIGE AUSGABEN II

ART DER AUSGABE	EURO
INSGESAMT	

ÜBERSICHT DER AUSGABEN III

SONSTIGE AUSGABEN III

ART DER AUSGABE	EURO
INSGESAMT	

WICHTIGES I
NICHT VERGESSEN

WICHTIGES II

NICHT VERGESSEN

WICHTIGES III

NICHT VERGESSEN

MONATSABSCHLUSS MAI

EINNAHMEN - AUSGABEN = GEWINN / VERLUST

EINNAHMEN GESAMT ________________ €
- AUSGABEN GESAMT ________________ €
= GEWINN/VERLUST GESAMT ________________ €

KONTOSTAND BEGINN DES MONATS ________________ €

KONTOSTAND ENDE DES MONATS ________________ €

NÄCHSTEN MONAT MÖCHTE ICH ________ € **SPAREN**

DAS KANN ICH ERREICHEN DURCH

________________ **MÖGLICHE ERSPARNIS** ______ €
________________ **MÖGLICHE ERSPARNIS** ______ €
________________ **MÖGLICHE ERSPARNIS** ______ €

MEIN PERSÖNLICHES FAZIT FÜR DEN MONAT MAI

☐ **POSITIV**   ☐ **MITTEL**   ☐ **SCHLECHT**

PERSÖNLICHE NOTIZEN

MONAT JUNI

FIXE AUSGABEN

ART DER AUSGABE	EURO
INSGESAMT	

FIXE EINNAHMEN

ART DER EINNAHME	EURO
INSGESAMT	

ÜBERSICHT DER AUSGABEN I

SONSTIGE AUSGABEN I

ART DER AUSGABE	EURO
INSGESAMT	

ÜBERSICHT DER AUSGABEN II

SONSTIGE AUSGABEN II

ART DER AUSGABE	EURO
INSGESAMT	

ÜBERSICHT DER AUSGABEN III

SONSTIGE AUSGABEN III

ART DER AUSGABE	EURO
INSGESAMT	

WICHTIGES I

NICHT VERGESSEN

WICHTIGES II

NICHT VERGESSEN

WICHTIGES III

NICHT VERGESSEN

MONATSABSCHLUSS JUNI

EINNAHMEN - AUSGABEN = GEWINN / VERLUST

EINNAHMEN GESAMT _______________________ €
- AUSGABEN GESAMT _______________________ €
= GEWINN/VERLUST GESAMT _______________________ €

**KONTOSTAND
BEGINN DES MONATS**
_______________________ €

**KONTOSTAND
ENDE DES MONATS**
_______________________ €

NÄCHSTEN MONAT MÖCHTE ICH _______________ € **SPAREN**

DAS KANN ICH ERREICHEN DURCH

_______________________ **MÖGLICHE ERSPARNIS** _________ €

_______________________ **MÖGLICHE ERSPARNIS** _________ €

_______________________ **MÖGLICHE ERSPARNIS** _________ €

MEIN PERSÖNLICHES FAZIT FÜR DEN MONAT JUNI

☐ **POSITIV**   ☐ **MITTEL**   ☐ **SCHLECHT**

PERSÖNLICHE NOTIZEN

MONAT JULI

FIXE AUSGABEN

ART DER AUSGABE	EURO
INSGESAMT	

FIXE EINNAHMEN

ART DER EINNAHME	EURO
INSGESAMT	

ÜBERSICHT DER AUSGABEN I

SONSTIGE AUSGABEN I

ART DER AUSGABE	EURO
INSGESAMT	

ÜBERSICHT DER AUSGABEN II

SONSTIGE AUSGABEN II

ART DER AUSGABE	EURO
INSGESAMT	

ÜBERSICHT DER AUSGABEN III

SONSTIGE AUSGABEN III

ART DER AUSGABE	EURO
INSGESAMT	

WICHTIGES I

NICHT VERGESSEN

WICHTIGES II

NICHT VERGESSEN

WICHTIGES III

NICHT VERGESSEN

MONATSABSCHLUSS JULI

EINNAHMEN - AUSGABEN = GEWINN / VERLUST

EINNAHMEN GESAMT _______________________ €
- AUSGABEN GESAMT _______________________ €
= GEWINN/VERLUST GESAMT _______________________ €

KONTOSTAND BEGINN DES MONATS _______________________ €

KONTOSTAND ENDE DES MONATS _______________________ €

NÄCHSTEN MONAT MÖCHTE ICH _______________ € **SPAREN**

DAS KANN ICH ERREICHEN DURCH

_______________________ **MÖGLICHE ERSPARNIS** _________ €
_______________________ **MÖGLICHE ERSPARNIS** _________ €
_______________________ **MÖGLICHE ERSPARNIS** _________ €

MEIN PERSÖNLICHES FAZIT FÜR DEN MONAT JULI

☐ **POSITIV** ☐ **MITTEL** ☐ **SCHLECHT**

PERSÖNLICHE NOTIZEN

____
____
____
____
____
____

MONAT AUGUST

FIXE AUSGABEN

ART DER AUSGABE	EURO
INSGESAMT	

FIXE EINNAHMEN

ART DER EINNAHME	EURO
INSGESAMT	

ÜBERSICHT DER AUSGABEN I

SONSTIGE AUSGABEN I

ART DER AUSGABE	EURO
INSGESAMT	

ÜBERSICHT DER AUSGABEN II

SONSTIGE AUSGABEN II

ART DER AUSGABE	EURO
INSGESAMT	

ÜBERSICHT DER AUSGABEN III

SONSTIGE AUSGABEN III

ART DER AUSGABE	EURO
INSGESAMT	

WICHTIGES I

NICHT VERGESSEN

WICHTIGES II

NICHT VERGESSEN

WICHTIGES III

NICHT VERGESSEN

MONATSABSCHLUSS AUGUST

EINNAHMEN - AUSGABEN = GEWINN / VERLUST

EINNAHMEN GESAMT _______________________ €
- AUSGABEN GESAMT _______________________ €
= GEWINN/VERLUST GESAMT _______________ €

KONTOSTAND BEGINN DES MONATS
_______________________ €

KONTOSTAND ENDE DES MONATS
_______________________ €

NÄCHSTEN MONAT MÖCHTE ICH _______________€ **SPAREN**

DAS KANN ICH ERREICHEN DURCH

_______________________ **MÖGLICHE ERSPARNIS** _________ €

_______________________ **MÖGLICHE ERSPARNIS** _________ €

_______________________ **MÖGLICHE ERSPARNIS** _________ €

MEIN PERSÖNLICHES FAZIT FÜR DEN MONAT AUGUST

☐ **POSITIV**   ☐ **MITTEL**   ☐ **SCHLECHT**

PERSÖNLICHE NOTIZEN

MONAT SEPTEMBER

FIXE AUSGABEN

ART DER AUSGABE	EURO
INSGESAMT	

FIXE EINNAHMEN

ART DER EINNAHME	EURO
INSGESAMT	

ÜBERSICHT DER AUSGABEN I

SONSTIGE AUSGABEN I

ART DER AUSGABE	EURO
INSGESAMT	

ÜBERSICHT DER AUSGABEN II

SONSTIGE AUSGABEN II

ART DER AUSGABE	EURO
INSGESAMT	

ÜBERSICHT DER AUSGABEN III

SONSTIGE AUSGABEN III

ART DER AUSGABE	EURO
INSGESAMT	

WICHTIGES I

NICHT VERGESSEN

WICHTIGES II

NICHT VERGESSEN

WICHTIGES III

NICHT VERGESSEN

MONATSABSCHLUSS SEPTEMBER

EINNAHMEN - AUSGABEN = GEWINN / VERLUST

EINNAHMEN GESAMT ______________________ €
- AUSGABEN GESAMT ______________________ €
= GEWINN/VERLUST GESAMT ______________________ €

KONTOSTAND
BEGINN DES MONATS
______________________ €

KONTOSTAND
ENDE DES MONATS
______________________ €

NÄCHSTEN MONAT MÖCHTE ICH ______________ € SPAREN

DAS KANN ICH ERREICHEN DURCH

______________________ MÖGLICHE ERSPARNIS __________ €

______________________ MÖGLICHE ERSPARNIS __________ €

______________________ MÖGLICHE ERSPARNIS __________ €

MEIN PERSÖNLICHES FAZIT FÜR DEN MONAT SEPTEMBER

☐ POSITIV ☐ MITTEL ☐ SCHLECHT

PERSÖNLICHE NOTIZEN

MONAT OKTOBER

FIXE AUSGABEN

ART DER AUSGABE	EURO
INSGESAMT	

FIXE EINNAHMEN

ART DER EINNAHME	EURO
INSGESAMT	

ÜBERSICHT DER AUSGABEN I

SONSTIGE AUSGABEN I

ART DER AUSGABE	EURO
INSGESAMT	

ÜBERSICHT DER AUSGABEN II

SONSTIGE AUSGABEN II

ART DER AUSGABE	EURO
INSGESAMT	

ÜBERSICHT DER AUSGABEN III

SONSTIGE AUSGABEN III

ART DER AUSGABE	EURO
INSGESAMT	

WICHTIGES I

NICHT VERGESSEN

WICHTIGES II

NICHT VERGESSEN

WICHTIGES III

NICHT VERGESSEN

MONATSABSCHLUSS OKTOBER

EINNAHMEN - AUSGABEN = GEWINN / VERLUST

EINNAHMEN GESAMT __________________________ €
- AUSGABEN GESAMT __________________________ €
= GEWINN/VERLUST GESAMT __________________________ €

**KONTOSTAND
BEGINN DES MONATS**
__________________________ €

**KONTOSTAND
ENDE DES MONATS**
__________________________ €

NÄCHSTEN MONAT MÖCHTE ICH _______________ € **SPAREN**

DAS KANN ICH ERREICHEN DURCH

______________________ **MÖGLICHE ERSPARNIS** _________ €

______________________ **MÖGLICHE ERSPARNIS** _________ €

______________________ **MÖGLICHE ERSPARNIS** _________ €

MEIN PERSÖNLICHES FAZIT FÜR DEN MONAT OKTOBER

☐ **POSITIV**   ☐ **MITTEL**   ☐ **SCHLECHT**

PERSÖNLICHE NOTIZEN

MONAT   NOVEMBER

FIXE AUSGABEN

ART DER AUSGABE	EURO
INSGESAMT	

FIXE EINNAHMEN

ART DER EINNAHME	EURO
INSGESAMT	

ÜBERSICHT DER AUSGABEN I

SONSTIGE AUSGABEN I

ART DER AUSGABE	EURO
INSGESAMT	

ÜBERSICHT DER AUSGABEN II

SONSTIGE AUSGABEN II

ART DER AUSGABE	EURO
INSGESAMT	

ÜBERSICHT DER AUSGABEN III

SONSTIGE AUSGABEN III

ART DER AUSGABE	EURO
INSGESAMT	

WICHTIGES I

NICHT VERGESSEN

WICHTIGES II

NICHT VERGESSEN

WICHTIGES III

NICHT VERGESSEN

MONATSABSCHLUSS NOVEMBER

EINNAHMEN - AUSGABEN = GEWINN / VERLUST

EINNAHMEN GESAMT _________________ €
- AUSGABEN GESAMT _________________ €
= GEWINN/VERLUST GESAMT _________________ €

KONTOSTAND BEGINN DES MONATS _________________ €

KONTOSTAND ENDE DES MONATS _________________ €

NÄCHSTEN MONAT MÖCHTE ICH _________________ € **SPAREN**

DAS KANN ICH ERREICHEN DURCH

_________________ **MÖGLICHE ERSPARNIS** _______ €

_________________ **MÖGLICHE ERSPARNIS** _______ €

_________________ **MÖGLICHE ERSPARNIS** _______ €

MEIN PERSÖNLICHES FAZIT FÜR DEN MONAT NOVEMBER

☐ **POSITIV**   ☐ **MITTEL**   ☐ **SCHLECHT**

PERSÖNLICHE NOTIZEN

MONAT DEZEMBER

FIXE AUSGABEN

ART DER AUSGABE	EURO
INSGESAMT	

FIXE EINNAHMEN

ART DER EINNAHME	EURO
INSGESAMT	

ÜBERSICHT DER AUSGABEN I

SONSTIGE AUSGABEN I

ART DER AUSGABE	EURO
INSGESAMT	

ÜBERSICHT DER AUSGABEN II

SONSTIGE AUSGABEN II

ART DER AUSGABE	EURO
INSGESAMT	

ÜBERSICHT DER AUSGABEN III

SONSTIGE AUSGABEN III

ART DER AUSGABE	EURO
INSGESAMT	

WICHTIGES I

NICHT VERGESSEN

WICHTIGES II

NICHT VERGESSEN

WICHTIGES III

NICHT VERGESSEN

MONATSABSCHLUSS DEZEMBER

EINNAHMEN - AUSGABEN = GEWINN / VERLUST

EINNAHMEN GESAMT _________________________ €
- AUSGABEN GESAMT _________________________ €
= GEWINN/VERLUST GESAMT _________________________ €

KONTOSTAND BEGINN DES MONATS
_________________________ €

KONTOSTAND ENDE DES MONATS
_________________________ €

NÄCHSTEN MONAT MÖCHTE ICH _____________ € **SPAREN**

DAS KANN ICH ERREICHEN DURCH

_________________________ MÖGLICHE ERSPARNIS _______ €

_________________________ MÖGLICHE ERSPARNIS _______ €

_________________________ MÖGLICHE ERSPARNIS _______ €

MEIN PERSÖNLICHES FAZIT FÜR DEN MONAT DEZEMBER

☐ POSITIV   ☐ MITTEL   ☐ SCHLECHT

PERSÖNLICHE NOTIZEN

www.ingramcontent.com/pod-product-compliance
Lightning Source LLC
Chambersburg PA
CBHW072056150726
47999CB00005B/1800